Freistoß für Julia

Alle Bände **Zu zweit leichter lesen lernen** auf einen Blick:

Maja von Vogel: Nele und die Flaschenfee (Band 1)

Marianne Schröder: Karo und die kleine Ziege (Band 2)

Christian Tielmann: Die Piraten vom Dach (Band 3)

Julia Boehme: Conni auf dem Reiterhof (Band 4)

Sabine Rahn: Lissi und der Zoo-Geburtstag (Band 5)

Sabine Streufert: Freistoß für Julia (Band 6)

Zu zweit leichter lesen lernen

Freistoß für Julia

Von Sabine Streufert
Mit Bildern von Irmgard Paule

CARLSEN

Zu zweit leichter lesen lernen

Wie das funktioniert?

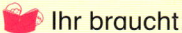 Ihr braucht:

- einen, der schon besser lesen kann,
  (eine Mutter, einen Opa, eine große Schwester
  oder so was Ähnliches),
- einen Leseanfänger
- und dieses Buch hier mit Julias Fußballgeschichte.

Ihr legt das Buch zwischen euch … und los geht's!

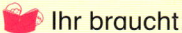 Der geübte Leser liest die längeren Texte auf der linken Seite, der Anfänger liest die kurzen Texte auf der rechten Seite.

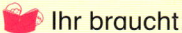 Die gepunktete Linie ∙∙∙∙∙∙∙∙∙▸ zeigt euch die Leserichtung. Quer durch Julias Fußball-Abenteuer.

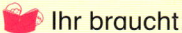 Und wenn ihr fertig seid, könnt ihr euch diese sportliche Geschichte noch mal gegenseitig erzählen. Die Bilder vorne und hinten im Buch helfen euch dabei.

Jetzt viel Spaß beim Lesen zu zweit!

Inhalt

Das neue Zuhause

Schmalfeld! Julia steht am Fenster und starrt auf das gelbe Schild mit dem Ortsnamen, als wäre es Linsensuppe. Julia kann Linsensuppe nicht ausstehen, und Schmalfeld schon gar nicht. Das kleine Dorf soll ab heute ihr neues Zuhause sein. Aber Julia will kein neues Zuhause. Sie will zurück nach Salzbach: zu ihren Freundinnen Katrin, Sara und Nike und zu ihrem Fußballclub, dem FC Salzbach, dem sie so viel zu verdanken hat. Julia wirft sich auf das Bett und seufzt. Sie liebt Fußballspielen über alles. Julia ist richtig gut im Fußballspielen, aber die Jungen in Salzbach wollten sie oft nicht mitspielen lassen.

„Fußball ist was für echte Kerle", haben sie gesagt. Einmal hatten sie sogar ein Plakat mit der Aufschrift „Zutritt für Mädchen verboten" am großen Tor des Stadions angebracht. Das fand Julia total gemein. Dann machte der FC Salzbach eine Mädchen-Fußballmannschaft auf.

Julia war sofort dabei.
Als Stürmerin
war sie richtig gut.
Ob Doppelpass, Flanke
oder Kopfball –
kein Tor war vor ihr sicher.

Und als ihre Mannschaft gegen die Jungen mit 2:1 gewann, war denen das Lachen schnell vergangen. Seitdem war Julia der Star in ihrer Mannschaft und kein Junge machte sich mehr über sie lustig.

Aber das ist jetzt vorbei. Julia seufzt noch einmal. Weil sie nicht mehr in Salzbach wohnt, sondern in Schmalfeld, diesem doofen Kuhdorf irgendwo im Nirgendwo.

Mama kommt ins Zimmer. Auf dem Arm trägt sie einen großen Umzugskarton. „Hier sind deine Sachen", sagt sie fröhlich. „Dann kannst du schon mal mit dem Auspacken anfangen."

Julia verschränkt trotzig die Arme vor der Brust. „Ich packe nicht aus. Niemals. Weil ich nicht hierbleibe. Ich fahre zurück nach Hause."

Mama stellt den Karton ab und nimmt Julia in den Arm.

„Aber, Julia", sagt sie sanft. „Das haben wir doch schon so oft besprochen. Schmalfeld ist jetzt unser Zuhause. Du wirst dich hier bald einleben, da bin ich mir sicher."

„Nein! Das werde ich nicht!",
ruft Julia hilflos.
„Salzbach ist mein Zuhause!"
Sie springt auf und rennt los.
An Mama vorbei,
die Treppe hinunter,
über den Flur ins Freie.

Bloß weg!

Draußen scheint die Sonne. Der Möbelwagen
parkt noch immer mitten auf der großen Auffahrt.
Papa hilft den schweren Wohnzimmerschrank
auszuladen. Julia beachtet ihn gar nicht. Sie
schnappt sich ihr Fahrrad, das an der Garage lehnt,
und saust los. Am Möbelwagen vorbei zur Straße.
Papa blickt ihr erstaunt hinterher.
„Julia, wo willst du denn hin?", ruft er ihr nach.
„Weg!", antwortet sie knapp.
Julia tritt kräftig in die Pedale, als sie die Dorfstraße
hinunterfährt.
Im Dorf ist jetzt am Nachmittag nicht viel los.
Ein Junge trägt Zeitungen aus und irgendwo bellt
ein Hund. Sonst trifft Julia niemanden.
„Echt super, mein neues Zuhause", denkt Julia
und schaut sich um. Hier ist alles ganz anders als
in Salzbach: Die Häuser sind fremd, die Gärten
verwildert, die Wege menschenleer und die
Straßennamen komisch.

Langsam radelt sie weiter.
An der Bushaltestelle
hält sie an,
steigt vom Rad und
setzt sich auf eine Bank.

Auf der Wiese neben der Bushaltestelle grasen
braun-weiße Kühe friedlich in der Sonne.
Dahinter liegt ein kleiner See mit einer Badestelle.
Ein einsamer Schwimmer zieht ruhig seine Bahnen.
Aber Julia beachtet ihn nicht weiter.
Sie starrt auf den nagelneuen Lederfußball, der auf
dem Gepäckträger ihres Fahrrades klemmt. Katrin,
Sara, Fabienne, Nike, Franzi, Lena … die ganze
Mädchenmannschaft des FC Salzbach hat zum
Abschied darauf unterschrieben und Julia den Ball
an ihrem letzten Spieltag überreicht.
„Damit du uns nicht vergisst", hatte ihre Trainerin
damals gesagt.
Julia schüttelt traurig den Kopf und murmelt:
„Das werde ich bestimmt nicht."

Plötzlich fühlt sich Julia einsam.
Schrecklich einsam.
Sie nimmt den Ball
vom Gepäckträger
und drückt ihn fest an sich.
„Ich will hier weg", denkt sie.
„Ich will nach Hause."

Tarzan

„Wuff!"

Julia sieht den Hund erst, als er direkt vor ihr steht.
Er ist klein und struppig und starrt schwanzwedelnd
auf ihren Ball.

„Wuff!", bellt er noch einmal.

Julia mag Hunde – eigentlich! Aber heute nicht.
Heute will sie allein sein. „Geh weg", sagt sie
deshalb. „Geh nach Hause."

Aber der Hund rührt sich nicht vom Fleck.

„Wuff! Wuff!", bellt er.

„Tarzan! Bei Fuß! Lass den Jungen in Ruhe."

Julia sieht sich erstaunt um. Ein Junge auf einem
Mountainbike saust geradewegs auf sie zu. Als er
die Bushaltestelle erreicht, bremst er scharf, springt
vom Rad und nimmt den Hund auf den Arm.

„Sorry", sagt er und grinst. „Tarzan liebt Fußbälle
über alles."

„Ich auch", murmelt Julia.

Dass sie kein Junge ist, sagt sie nicht. Wozu auch?
Es ist ihr egal, was der fremde Junge von ihr denkt.

In Salzbach wurde sie auch
oft für einen Jungen gehalten,
weil sie so kurze Haare hat
und lieber Sporttrikots
als rosa T-Shirts trägt.

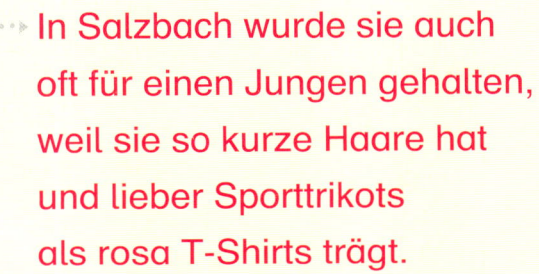

Der Junge zieht einen blauen Gummiball aus der Tasche und hält ihn Tarzan vor die Nase.

„Los, Tarzan, such!", ruft er und schleudert den Ball weit auf die Wiese hinaus. Laut kläffend springt Tarzan hinterher. Der Junge lacht und setzt sich neben Julia auf die Bank.

„Ich heiße Alex", sagt er fröhlich.

„Aha."

Schweigend sieht Julia zu, wie Tarzan im hohen Gras nach dem Ball sucht. Die Kühe muhen ärgerlich und laufen davon.

„Ich hab dich in Schmalfeld noch nie gesehen", redet Alex weiter. „Machst du hier Urlaub?"

„Urlaub?" Julia schüttelt den Kopf. „Bestimmt nicht! Urlaub macht man in Italien oder am Meer, aber doch nicht hier!"

„Dann besuchst du jemanden?", fragt Alex neugierig.

„Nö." Julia hat keine Lust, sich zu unterhalten, aber das merkt Alex gar nicht.

„Ich hab's!", ruft Alex. „Du bist neu hier!"

Julia zuckt mit den Schultern.

Alex strahlt über das ganze Gesicht, so stolz ist er auf seine Detektivarbeit. „Ihr zieht gerade in das alte Bauernhaus am Ortsrand ein. Stimmt's?"

„Stimmt", sagt Julia.
„Bist du jetzt fertig
mit der Fragerei?"
„Nö", sagt Alex.
„Dann geh ich weg",
sagt Julia und steht auf.
Alex grinst schief.

Eine Überraschung

Mit den Sommersprossen und der großen Zahnlücke
sieht Alex eigentlich ganz nett aus, aber Julia ist
gerade nicht in der Stimmung, freundlich zu sein.
„Willst du mit zum Bolzplatz kommen?", fragt Alex.
„Unsere Dorfmannschaft trainiert heute für den
Fußball-Sommerferiencup."
Fußballtraining? Julia horcht auf. Das hört sich gut
an.
„Was ist denn der Sommerferiencup?", fragt sie
deshalb.
„Ein Spaß-Turnier für alle, die nicht in den Sommer-
urlaub fahren", erklärt Alex stolz. „Jede Gemeinde
stellt eine Mannschaft zusammen und trainiert in
den Ferien. Am Ende gibt es dann ein großes Turnier
und einen Pokal." Er grinst. „Im letzten Jahr haben
wir gewonnen. Deshalb trainieren wir auch besonders
hart. Willst du zusehen? Zum Bolzplatz ist es nicht
weit."

„Ja, gern", sagt Julia.
„Ich hab Zeit."
Plötzlich ist sie
doch neugierig.
Die Fußballmannschaft
von Schmalfeld muss
sie unbedingt sehen.

„Dann los!", sagt Alex und schaut auf seine Uhr.
„Wir müssen uns beeilen. Das Training fängt in
einer Viertelstunde an!"
„Ich bin startklar."
Julia klemmt den Fußball wieder auf den Gepäck-
träger und schwingt sich auf ihr Rad.
„Tarzan, komm!" Alex steckt zwei Finger in den
Mund und pfeift, so laut er kann. Gleich darauf
taucht Tarzans Kopf aus dem hohen Gras auf.
Er stellt die Ohren auf, schnappt sich den blauen
Ball und kommt angerannt.
Während Tarzan den Bürgersteig entlangrennt,
fährt Julia auf der Straße hinter Alex her. Nach
zweihundert Metern biegen sie in eine alte Teer-
straße ein. Der holprige Weg führt zwischen den
Feldern entlang und sieht nicht sehr einladend aus.
Überall sind Schlaglöcher und Pfützen.
„Hier soll ein Fußballplatz sein?" Julia steigt vom
Rad. Außer hohen Maispflanzen und ein paar
Sträuchern kann sie nichts erkennen.
Tuff!
Julia hebt den Kopf und lauscht. Sie kennt das
Geräusch. So klingt nur ein Ball, der über einen
Fußballplatz geschossen wird.

Tuff! Tuff!
Da ist es schon wieder.
Ein schriller Pfiff ertönt
und jemand ruft etwas.
Julias Herz macht vor Freude
einen Sprung.
Tatsächlich!
Irgendwo dort hinten,
am Ende der alten Teerstraße,
spielt jemand Fußball.

„Mädchen müssen draußen bleiben!"

Tarzan hört es auch. Wie der Blitz saust er los und ist sogleich hinter der nächsten Wegbiegung verschwunden.

Alex lacht. „Tarzan ist eben ein echter Fußballfan", erklärt er. „Los, komm, es ist nicht mehr weit."

Als Julia den Bolzplatz erreicht, bleibt sie enttäuscht stehen. Das kleine Spielfeld hat gar nichts mit dem Sportstadion gemeinsam, auf dem sie mit dem FC Salzbach immer trainiert hat. Der Platz ist viel kleiner, der Rasen ist schlecht gemäht und mit platt getretenen Maulwurfshügeln übersät. Die weißen Linien auf dem Feld sind kaum zu erkennen und vor dem Tor gibt es statt Rasen nur noch braune Erde. Auch die beiden Fußballtore haben schon bessere Zeiten gesehen. Die weiße Farbe der Pfosten und Latten blättert überall ab und das uralte Netz ist an vielen Stellen geflickt.

Am Geländer
entdeckt Julia
ein altes Holzbrett.
Darauf steht:
„Mädchen müssen
draußen bleiben!"

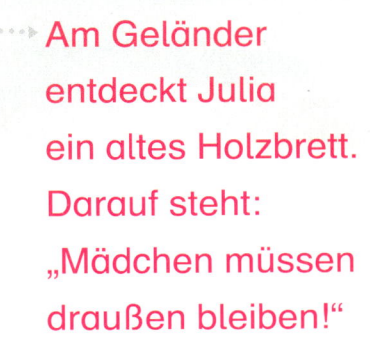

„Genau wie in Salzbach", denkt Julia und grinst
schief. „Gut, dass Alex mich für einen Jungen hält,
sonst hätte er mich bestimmt nicht mitgenommen."
Sie beobachtet eine Gruppe Jungen, die auf dem
Platz Ballübungen macht.

„Das da hinten ist Tilo, unser Trainer", erklärt
Alex und zeigt auf einen Mann im roten T-Shirt,
der danebensteht. „Soll ich ihn fragen, ob du
mitspielen kannst?"

„Ach … nee …" Julia schüttelt den Kopf. „Ich
schau lieber erst mal zu."

Während Alex mit Tarzan über das Spielfeld läuft,
stellt Julia ihr Rad ab und schwingt sich auf das
Geländer. Von hier aus kann sie alles gut sehen.

Als die anderen Jungen Alex entdecken, johlen sie
laut. Einer der Jungen flankt gekonnt den Ball
auf ihn. Alex nimmt ihn an, dribbelt ein Stück über
das Spielfeld und schießt ihn dann zurück.

Julia staunt. Das war ein echt guter Schuss!

„Wir fangen an!",
ruft Tilo.
„Auf geht's!
Drei Runden
ums Spielfeld
zum Warmlaufen!"

Auf den Hund gekommen

Alex läuft mit Tarzan am Schluss der Gruppe.
Als er das dritte Mal an Julia vorbeiläuft, schallt
der Pfiff von Tilos Trillerpfeife über den Platz.
„Aufstellung!", ruft er und winkt die Jungen heran.
„Wir wollen spielen!"
„Kannst du auf Tarzan aufpassen?", fragt Alex und
hält Julia die Hundeleine entgegen. „Ich müsste ihn
sonst am Geländer festbinden und das mag er gar
nicht.
„Kein Problem." Julia nimmt die Leine in die Hand.
„Super", sagt Alex. „Dann können wir ja heute mal
ungestört spielen."
„Ist es so schlimm mit ihm?", fragt Julia.
„Schlimmer!" Alex lacht. „Wenn Tarzan den Ball
erst mal hat, gibt er ihn nicht wieder her. Tilo hat
schon überlegt, ob er ihn als Stürmer einsetzen
kann, aber solange es mit dem Abspielen und der
Teamarbeit nicht klappt, muss er an die Leine."

Tarzan legt den Kopf schief
und bellt zustimmend.
„Mach Sitz, Tarzan."
Alex krault seinem Hund
den Kopf.
„Und sei schön brav."

Während Tilo die Mannschaften einteilt, legt sich Tarzan ins Gras. Der Trainer verteilt blaue und rote Bänder, die sich die Jungen um den Arm binden. Gespielt wird acht gegen acht. Alex ist in der blauen Mannschaft. Die Teams besprechen noch kurz die Aufstellung, dann geht es los.

Anpfiff!

Gespannt beobachtet Julia das Spiel. Für eine Dorfmannschaft spielen die Jungen richtig gut.

Die Abwehr der roten Mannschaft macht es den Blauen nicht leicht, auf das Tor zu spielen. Dabei ist Alex als Stürmer der Blauen wirklich gut. Er läuft sich oft frei und steht nie im Abseits. Leider sehen seine Mannschaftskameraden das häufig nicht und verpassen so einige Torchancen.

Immer wieder müssen die Blauen ihre Angriffe abbrechen und neu aufbauen. Dabei gelingt es den Mittelfeldspielern der Roten mehrmals, ihren Gegnern den Ball abzunehmen und einen Gegenangriff zu starten.

Schon nach wenigen Minuten fällt das erste Tor. 1:0 für die Roten.

„Das darf doch nicht wahr sein!" Julia rutscht ungeduldig auf dem Geländer hin und her. „Haben die denn keine Augen im Kopf?"

Tarzan sieht es auch.
Er kläfft laut
und zieht an der Leine,
als ob er mitspielen wolle.

Missgeschick mit Folgen

Da! Jetzt steht Alex schon wieder frei – und niemand
sieht es.

„Alex steht frei!"

Julia springt auf und brüllt, so laut sie kann. Der
Junge, der am Ball ist, reagiert sofort. Zielsicher
flankt er einen Pass auf Alex. Der Ball fliegt genau
vor seine Füße. Das ist eine tolle Vorlage. Alex
nimmt den Ball an, dribbelt geschickt um einen
Mittelfeldspieler der Roten herum und rennt auf
das Tor der roten Mannschaft zu.

Ein Abwehrspieler der Roten versucht Alex zu stop-
pen. Er rempelt Alex unsanft an und zieht an seinem
Trikot. Alex stolpert, fängt sich aber gleich wieder.
Mit einer gekonnten Drehung befreit er sich aus
dem Griff des Gegners und stürmt weiter auf das
Tor zu. Tilo hat das Foulspiel gesehen, aber er pfeift
nicht ab, sondern lässt den Vorteil gelten.

Julia jubelt begeistert. Vor Aufregung rutscht ihr
die Hundeleine aus der Hand und fällt zu Boden.
Darauf hat Tarzan nur gewartet. Er stürmt los.

Niemand sieht den Hund.
Alle achten nur auf Alex,
der ungehindert auf das Tor
der roten Mannschaft zustürmt.

Ein Junge aus der roten Mannschaft verfolgt Alex und versucht erneut ihn aufzuhalten. Aber auch Tarzan hat es auf den Ball abgesehen. Seine Ohren flattern im Wind und seine kurzen Beine fliegen fast über den Rasen, so eilig hat er es. Fast gleichzeitig holen die beiden Alex ein. Doch gerade als Tarzan nach dem Ball schnappen will, passiert es: Der Junge aus der roten Mannschaft stolpert so unglücklich über die Hundeleine, dass er umknickt und zu Boden fällt.

„Aua!", schreit er mit schmerzverzerrtem Gesicht. „Mein Knöchel!"

Tilo pfeift das Spiel ab und läuft zu dem verletzten Jungen hinüber. Julia hat ein schlechtes Gewissen. Schließlich sollte sie auf Tarzan aufpassen.

Alle scharen sich um die beiden. Nur Tarzan nicht. Er tollt übermütig mit dem Ball über das Spielfeld, bis Alex ihn auf den Arm nimmt.

„Komm, Lasse. Versuch mal aufzustehen", sagt Tilo. Er reicht dem Jungen die Hand, um ihn hochzuziehen.

„Autsch!" Lasse verzieht das Gesicht. „Es geht nicht. Ich kann nicht auftreten."

„Das habe ich befürchtet",
sagt Tilo ernst.
„Dein Knöchel
ist bestimmt verstaucht.
Damit wirst du
erst mal kein Fußball
mehr spielen können."

Lasse sieht Tilo entsetzt an. „Aber das geht nicht!",
ruft er. „Ich muss! Übermorgen ist doch das End-
spiel um den Sommerferienpokal!"

„Genau!", ruft ein anderer Junge. „Wir brauchen
Lasse. Er ist unser bester Stürmer."

Tilo seufzt. Er hockt sich neben Lasse auf den
Boden und zieht ihm vorsichtig den Fußballschuh,
die Socke und den Schienbeinschoner aus.

Die Jungen keuchen erschrocken auf, als sie Lasses
Knöchel sehen. Er ist dick angeschwollen.

Tilo schüttelt den Kopf. „Das sieht gar nicht gut
aus", sagt er und holt sein Handy aus der Trainings-
jacke. „Ich rufe jetzt erst mal deine Eltern an", sagt
er zu Lasse. „Dann sehen wir weiter. Ihr anderen
macht so lange noch ein paar Ballübungen, bis ich
zurück bin."

Er hilft Lasse beim Aufstehen und führt ihn vorsichtig an den Spielfeldrand.

Die anderen Jungen
starren ihnen betroffen hinterher.
Keiner rührt sich.
Nur Tarzan winselt kläglich.
Nicht wegen Lasse –
er will wieder
mit dem Ball spielen.

Stürmer gesucht

„So ein Mist", sagte Alex und kickt ärgerlich
den Ball beiseite. „Ohne Lasse haben wir beim
Sommerferiencup keine Chance, unseren Titel
zu verteidigen."

„Wir könnten Freddy fragen, ob er für Lasse
einspringt", schlägt ein rothaariger Junge vor.
Alex schüttelt den Kopf. „Mensch, Niklas,
Freddy ist doch mit seinen Eltern zum Zelten nach
Dänemark gefahren."

„Stimmt ja." Der rothaarige Junge, den Alex
Niklas nennt, nickt betrübt.

„Und was ist mit Jan?", ruft ein anderer Junge.

„Der hat noch immer einen Gipsarm", sagt Alex.

„Wie wäre es mit Torben?", schlägt ein Dritter vor.
„Torben ist doch ein super Stürmer."

„Den kannst du total vergessen", sagt Niklas.
„Seit der einen eigenen PC hat, hockt er nur
noch in seinem Zimmer. Mit Fußball hat er nix
mehr am Hut."

„Tja", sagt Alex,
„dann haben wir wohl
ein echtes Problem."
Er schaut
Tarzan tief in die Augen.

„Das hast du wirklich super hinbekommen, Hund",
sagt er tadelnd.

Die anderen Jungen nicken zustimmend. „Es ist
wohl besser, wenn du Tarzan in Zukunft nicht mehr
zum Training mitbringst", sagt einer. „Bevor noch
etwas Schlimmeres passiert."

„Etwas Schlimmeres?", fragt Alex und verzieht
das Gesicht. „Was kann schlimmer sein, als ohne
Stürmer zu einem Finalspiel zu fahren?"

Tarzan winselt leise und lässt die Ohren hängen.
Der kleine Hund tut Julia leid.

„Tarzan kann nichts dafür", sagt sie. „Wenn ich
ihn besser festgehalten hätte, wäre das alles nicht
passiert."

Tröstend streichelt sie Tarzan über den Kopf. Der
Hund hört auf zu winseln und leckt Julia freudig
die Hand.

„Wie auch immer …" Niklas schüttelt den Kopf.
„Ohne Stürmer brauchen wir übermorgen bei dem
Sommerferiencup erst gar nicht anzutreten."

Die Jungen sehen sich ratlos an. Keiner sagt etwas.

Da hat Julia
plötzlich eine Idee.
Sie nimmt
ihren ganzen Mut zusammen
und sagt:
„Ich könnte doch
für Lasse einspringen."

Glück im Unglück

Alle Jungen starren sie an.

„Du?", fragt Alex überrascht.

„Warum nicht?" Julia nickt eifrig. „Ich wohne zwar erst seit heute in Schmalfeld, aber ich habe keinen Gipsarm und keinen PC. Und in Ferien fahre ich auch nicht mehr."

„Und Fußballspielen kannst du sicher auch!", stellt Niklas fest.

„Na klar." Julia nickt. „Da, wo ich vorher gewohnt habe, habe ich zuerst ein Jahr auf der Position des offensiven Mittelfeldspielers gespielt und dann drei Jahre lang als Sturmspitze in der ersten D-Jugend. Im letzten Jahr sind wir mit dem FC Salzbach dann sogar Vizekreismeister geworden. Und mein Torkonto in diesem Jahr kann sich auch sehen lassen: 12 Tore in acht Spielen!"

„Das klingt doch super", sagt Alex und schaut sich um. „Was meint ihr, Jungs? Wollen wir es mit dem Neuen probieren?"

„Auf jeden Fall",
ruft einer.
„Klaro!", schreit ein anderer.
Der Rest nickt zustimmend.
Julia strahlt.

„Also abgemacht", sagt Niklas. „Ich sage Tilo Bescheid, dass wir einen Ersatzspieler gefunden haben."

Plötzlich reden alle durcheinander. Sie bestürmen Julia mit Fragen über Fußball und ihre alte Mannschaft.

Da ruft Niklas über den Lärm der anderen hinweg: „Sag mal, wie heißt du eigentlich?"

Julia will schon antworten, da fällt ihr das Schild wieder ein, das sie am Eingang gelesen hat: „Mädchen müssen draußen bleiben!"

Julia hält vor Schreck die Luft an. Ihre Gedanken schlagen Purzelbäume. Wenn die Jungs merken, dass ich ein Mädchen bin, bin ich bestimmt raus, denkt sie. Genauso war es damals in Salzbach, als ich mich im Sportverein für das Fußballtraining anmelden wollte. Zunächst hatte ihr der Trainer alles gezeigt und erklärt, aber als sie dann die Anmeldung ausfüllen sollte und ihren Namen eintrug, da hatte er ihr freundlich, aber bestimmt gesagt, dass die Mannschaft eine reine Jungenmannschaft sei, und sie wieder nach Hause geschickt.

Vielleicht hilft schwindeln? Eine kleine Notlüge nur … Julia überlegt fieberhaft, was sie tun soll. Nein!, denkt sie. Lügen ist doof!

„Ich heiße Julia!",
ruft sie Niklas zu.
Niklas lacht.
„Na dann:
Willkommen im Team, Julian!",
ruft er zurück.

Julian? Wieso Julian? Julia braucht einen Augenblick, bis sie begreift, was los ist: Offensichtlich glauben alle hier, dass sie ein Junge ist – genauso wie Alex vorhin an der Bushaltestelle. Julia schmunzelt. Und dafür musste sie nicht mal schwindeln. Niklas hat ihren Namen über den Lärm hinweg einfach falsch verstanden.

Einen Augenblick lang überlegt Julia, ob sie den Irrtum aufdecken soll. Schließlich ist Fußball ein Sport, in dem man fair spielen sollte. Bislang hat sich Julia auch immer daran gehalten.

Sie hat selbst in brenzligen Situationen ehrlich gespielt, noch nie einen Gegenspieler gefoult oder durch einen unsportlichen Angriff verletzt. Und sie hat noch nie eine gelbe oder gar rote Karte bekommen. Darauf ist Julia sehr stolz.

Aber heute …?

Heute ist es anders. Ausnahmsweise.

„Sollen die Jungs doch glauben, was sie wollen", denkt Julia und grinst.

„Ich werde ihnen zeigen,
wie gut ich
Fußball spielen kann",
denkt Julia.
„Dass ich eigentlich
Julia heiße,
sage ich ihnen später."

Fast wie zu Hause

Wenig später geht das Training weiter. Ohne Lasse, der von seinen Eltern abgeholt wurde, und ohne Tarzan. Den hat Alex sicherheitshalber an dem Geländer angebunden, damit nicht noch ein Unglück geschieht.

Julia ist überglücklich. Es kommt ihr fast so vor, als wäre sie zu Hause in Salzbach. Dass sie eigentlich beim Umzug helfen sollte, vergisst Julia ganz. Wie ein Wirbelwind fegt sie über den Platz, umspielt geschickt jeden, der sich ihr in den Weg stellt, platziert zielsicher Flanken, wenn jemand frei steht, und versenkt den Ball sogar zwei Mal im gegnerischen Tor.

Bälle kicken, Doppelpässe flanken, Torschüsse üben … Fußball spielen! Der Nachmittag vergeht wie im Flug. Julia ist so in das Spiel vertieft, dass sie gar nicht bemerkt, wie spät es ist.

Die Schatten der Bäume
werden immer länger.
Doch erst als Tilo
das Training abpfeift,
schaut Julia auf die Uhr.

„Oh nein, das darf doch nicht wahr sein! Es ist ja schon halb sieben!" Julia läuft zum Spielfeldrand, wo Tarzan schwanzwedelnd neben ihrem Fahrrad auf sie wartet und ungeduldig in seine Leine beißt.

„Mach's gut, mein Kleiner", sagt Julia und streichelt Tarzan den Kopf.

„Er mag dich!" Alex hat Julia eingeholt und sieht lachend zu, wie Tarzan Julias Hand abschleckt.

„Ich mag ihn auch", sagt Julia. Sie steht auf und schnappt sich ihr Rad. „Aber jetzt muss ich los. Meine Eltern machen sich sicher Sorgen."

„Kommst du morgen um zehn wieder zum Training?", fragt Alex, während er Tarzan losbindet.

„Na klar. Ich kann euch doch nicht hängen lassen." Julia grinst.

„Nee, das kannst du wirklich nicht."

Alex zwinkert ihr zu. „Du spielst echt super."

Tarzan kläfft zustimmend.

„Danke."
Julia lacht.
„Na dann bis morgen."
Sie schwingt sich
auf ihr Rad
und saust davon.

Als Julia in die Auffahrt einbiegt, traut sie ihren
Augen nicht. Dort, wo vorhin noch der Möbelwagen
stand, stapeln sich jetzt volle Umzugskartons, Möbel-
teile, Klappboxen und Reisetaschen. Mama steht
inmitten des Chaos und faltet die alten, grauen
Decken zusammen, mit denen die Möbel abgedeckt
waren. Als sie Julia kommen hört, schaut sie auf.
„Julia Antonia!", sagt sie ernst. „Wo warst du? Wir
haben das halbe Dorf nach dir abgesucht und …"
„Auweia", denkt Julia. „Mama ist ja ganz schön
wütend." Sie setzt ihr schönstes Lächeln ein.
„Ich hab Fußball gespielt", sagt sie schnell, bevor
Mama mit der Standpauke weitermachen kann.
„Du hast Fußball gespielt?" Jetzt klingt Mamas
Stimme schon etwas freundlicher.
Julia nickt. „Ja, den ganzen Nachmittag. Auf dem
Bolzplatz am Ende des Dorfes." Julia strahlt ihre
Mutter an. „Die Dorfmannschaft trainiert dort
für den Sommerferiencup, der übermorgen aus-
getragen wird. Ach, es war toll."
Sie lehnt ihr Rad an die Garage.

Dann schnappt sie sich
ihre große Reisetasche.
„So, und jetzt gehe ich
auf mein Zimmer
und packe meine Sachen aus."

51

Labbertoast und alte T-Shirts

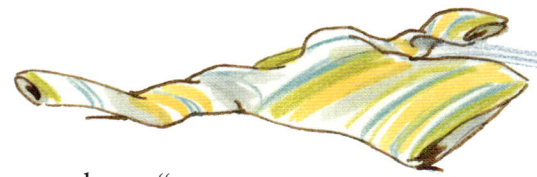

„Zu tailliert … zu klein … zu bunt."
Ein Shirt nach dem anderen fliegt im hohen Bogen
in die Ecke, als Julia sich am nächsten Morgen
anzieht.

„Wenn ich irgendetwas davon anziehe, sehen die
anderen ja sofort, dass ich ein Mädchen bin", denkt
sie und schaut nachdenklich auf den T-Shirt-Berg
am Boden.

Schnell verscheucht sie die trüben Gedanken. Die
Jungs hier sind sicher anders als die Jungen in Salz-
bach. Nicht so eingebildet. Trotzdem will sie kein
Risiko eingehen. Niemand soll merken, dass sie ein
Mädchen ist. Jedenfalls noch nicht.

„Erst werde ich den Jungen beweisen, wie gut ich
wirklich bin", murmelt Julia.

„Nach dem Spiel morgen
kann ich es ihnen
ja immer noch sagen",
denkt Julia und
kramt weiter
in ihrer Reisetasche.

Nichts. Kein T-Shirt, kein Trikot. Gar nichts, das sie wie einen Jungen aussehen lässt.

„So ein Mist", schimpft Julia. Da fällt ihr Blick auf das Trikot von gestern. Eigentlich müsste es in die Wäsche. „Einmal wird es wohl noch gehen", denkt sie und zieht es kurz entschlossen über. Dann saust sie die Treppe runter in Richtung Küche.

Auf dem Flur stapeln sich noch unzählige Kartons und Kisten. Daneben stehen Farbeimer, Pinsel, Tapetenrollen, eine Werkzeugkiste und eine Leiter. Eilig bahnt sich Julia durch das Chaos den Weg zur Küche.

In der Tür stolpert sie fast über Papa. Er hockt auf dem Boden und sucht hinter dem Küchenschrank nach einer Steckdose für den Toaster. Mit einem gekonnten Ausfallschritt kann Julia gerade noch ausweichen.

„He, nicht so stürmisch, junge Dame", sagt er und grinst.

Julia grinst zurück. „Geht nicht. Ich bin doch die neue Stürmerin des SFC. Das heißt ‚Schmalfelder Fußballclub'."

„Des SFC vielleicht, aber nicht des KWF", sagt Mama.

„Hä?"

Julia schaut ihre Mutter verwundert an.

„Was soll denn das sein?"

Mama lacht. „KWF ist die Abkürzung für Küche-Wohnzimmer-Flur. In diesen Zimmern ist das Stürmen so lange verboten, bis wir alle Kartons ausgeräumt haben. Sonst gibt es von mir die Rote Karte. Alles klar?"

Julia kichert. „Alles klar."

„Fast alles", sagt Papa. „Ich finde einfach keine freie Steckdose für den Toaster."

„Macht nix, Labbertoast schmeckt sowieso viel besser. Probier mal." Julia schnappt sich zwei Scheiben Toastbrot aus der Packung. Eine davon reicht sie Papa.

„Ich finde es toll, dass du hier so schnell Freunde gefunden hast", sagt Papa und beißt in den Toast. „Aber sag mal, wo liegt der Fußballplatz eigentlich? Nur für den Fall, dass wir dich wieder suchen müssen."

Julia zwinkert Papa zu. „Der Bolzplatz liegt am Dorfrand und ist genauso schwer zu finden wie die Steckdose für den Toaster. Aber keine Sorge, pünktlich zum Mittagessen bin ich wieder da."

In zehn Minuten
beginnt das Training
und sie möchte pünktlich sein.
Julia packt eine gefüllte Trinkflasche
und einen Apfel
zu den Fußballschuhen
in die Sporttasche.
Dann saust sie los.

Ein schöner Vormittag

„Moin, Julian! Du bist ja superpünktlich."
„Hallo, Tilo!", sagt Julia. „Klaro bin ich pünktlich."
Sie wirft ihr Rad so lässig in das Gebüsch am
Spielfeldrand, wie sie es gestern bei Alex gesehen
hat. Etwas scheppert.
„Oh je, das war bestimmt das Rücklicht", denkt
Julia erschrocken, aber nachsehen mag sie nicht.
Den Jungs wäre ein kaputtes Rücklicht wahr-
scheinlich total egal. Sie schnappt sich ihre Sport-
tasche und geht hinüber zum Spielfeld, wo Niklas,
Alex und die andern im Schatten einer großen
Pappel auf sie warten.
„Prima, dass du gekommen bist, Julian", sagt Alex
und klopft Julia auf die Schulter. „Und? Alles klar?"
Fieberhaft überlegt Julia, was ein Junge an ihrer
Stelle jetzt sagen würde.
„Ja … ähm … alles klar. Ähm … bei dem schönen
Wetter sowieso", stammelt sie.

„Schön?
Na ja, vielleicht schön heiß."
Niklas runzelt die Stirn.
„Da werden wir beim Training
sicher schön schwitzen."

„Sind alle da?", fragt Tilo.

Die anderen nicken. „Alle bis auf Tarzan", sagt Alex und grinst. „Den habe ich heute sicherheitshalber zu Hause gelassen."

„Das ist auch gut so", sagt Tilo und zwinkert Alex zu. „Noch mehr Unfälle können wir wirklich nicht gebrauchen."

„Wie geht es Lasse?", fragt Julia besorgt.

„Schon besser", sagt Tilo. „Wenn er seinen Fuß schont, kann er nächste Woche schon wieder trainieren. Aber morgen müssen wir ohne ihn auskommen. Deshalb habe ich auch die Mannschaftsaufstellung etwas verändert." Er holt einen Plan aus der Tasche. „Weil Julian neu im Team ist und sich erst einfinden muss, spielen wir nicht im bewährten 4-4-2-, sondern im 4-3-3-System. Niklas, du wechselst aus dem Mittelfeld zu Julian und Alex in den Sturm. Die anderen drei Mittelfeldspieler haben bei dieser Aufstellung die Aufgabe, sowohl die Abwehr als auch den Sturm zu unterstützen. Und sie müssen versuchen, das Spiel zusammenzuhalten."

Alle nicken.

„Mit drei Stürmern
können wir von Anfang an
mehr Druck
auf den Gegner ausüben
und offensiver spielen",
erklärt Tilo.

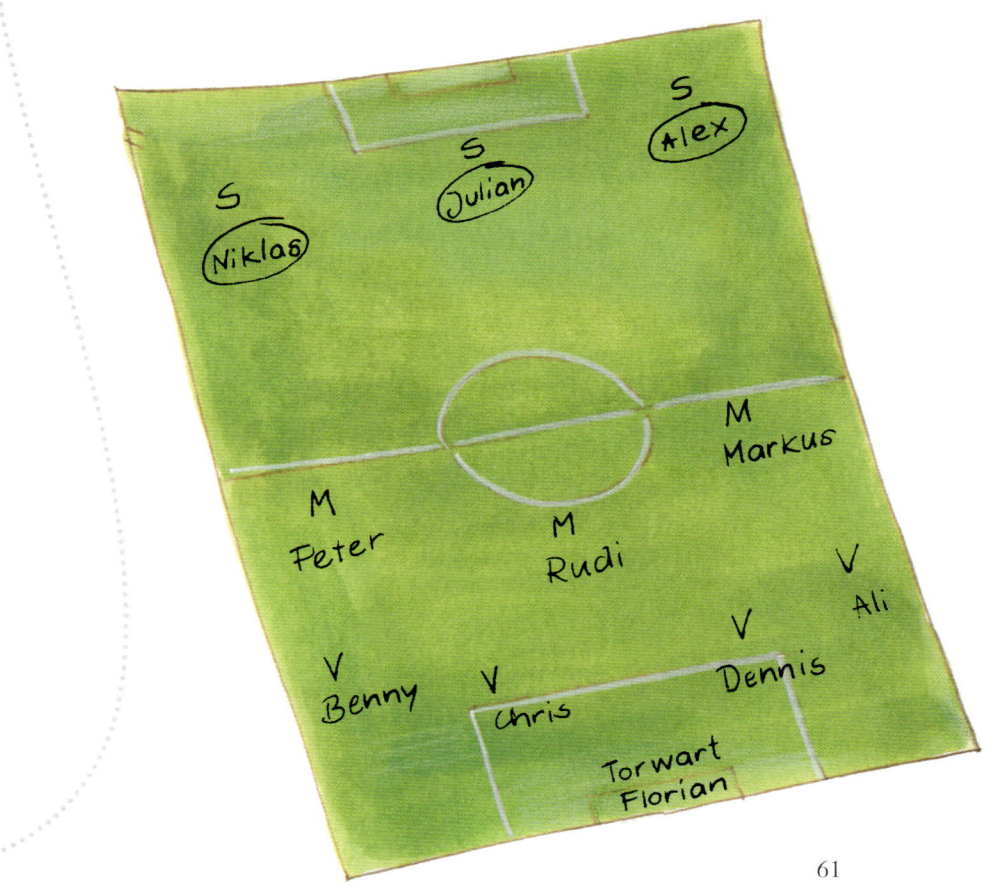

„Ansonsten bleibt alles beim Alten: Florian geht wie immer ins Tor, die vier Abwehrspieler achten besonders auf Manndeckung, und die Mittelfeldspieler versuchen wie bisher, den Gegner mit Finten zu verwirren. Das hat ja im Halbfinale gegen die Mannschaft aus Pagen auch super geklappt."

„Jo, das war cool!", ruft Niklas dazwischen. „Die haben wir letzte Woche ganz schön aufgemischt." Alle Jungen lachen.

Dann geht es los: Julia, Alex, Niklas und die anderen üben zunächst Torschüsse und Flanken, dribbeln und Pässe spielen. Julia staunt über Florian. Der ist im Tor richtig gut, besonders bei Strafstößen. Heute hält er fünf von zwölf Bällen, zwei verfehlt er nur knapp.

Dann beginnt das Trainingsspiel. Die Sonne steigt immer höher. Auf dem Bolzplatz wird es richtig heiß. Immer wieder unterbricht Tilo das Spiel, damit alle etwas trinken können.

Nach 2 x 20 Minuten Spielzeit steht es 3:3 unentschieden. Trotzdem pfeift Tilo das Trainingsspiel ab. „Ihr wart super, aber jetzt machen wir Schluss. Es ist heute einfach zu heiß zum Spielen", verkündet er.

„Morgen früh
treffen wir uns um neun
an der Bushaltestelle
und fahren dann zusammen
zum Sportplatz
an der Altenburger Schule."

In der Klemme

„Mit dem Rad?", fragt Julia. Sie hat keine Ahnung,
wo Altenburg liegt.

„Nein. Altenburg liegt gut 15 Kilometer entfernt.
Mit dem Rad wären wir ja schon erledigt, wenn wir
ankommen", erklärt Tilo und grinst. „Die Väter
von Alex und Florian sind so nett und fahren uns
mit dem Auto hin." Er schaut sich um. „Hat sonst
noch jemand eine Frage?"

Die Jungen schütteln den Kopf. „Nein, Trainer,
alles klar." Erschöpft trotten sie in den Schatten.

„Puh, das ist echt heiß heute", sagt Alex und wischt
sich mit der Hand über die Stirn.

Niklas kippt sich den Inhalt seiner Wasserflasche
über den Kopf. „Das tut gut", murmelt er. „Am
liebsten würde ich jetzt ganz ins Wasser springen."

„Super Idee", stimmt Florian zu. „Wie wär's, wenn
wir uns nachher alle am See treffen? Zum Baden
und Wasserballspielen."

„Klasse!",
ruft Alex begeistert.
„Ich bin auf jeden Fall dabei",
ruft Niklas.
„Und ich lade euch
zum Grillen ein",
sagt Tilo.
„Was haltet ihr davon?"

„Grillen am See ist eine super Idee", jubelt Florian.

„Ich bringe Tarzan auch mit", sagt Alex. „Er liebt Grillwürste fast so sehr wie Fußball."

Tilo lacht. „Also, abgemacht", sagt er. „Wir treffen uns um drei Uhr an der Badestelle. Und sagt bitte auch Jan, Lasse und Torben Bescheid."

Der Trainer steigt auf sein Rad und saust davon.

„Das wird bestimmt ein cooler Nachmittag."

Florian kichert. „Wisst ihr noch, wie Jan Tilo beim letzten Mal statt der Badehose einen Bikini in die Schwimmtasche geschummelt hatte?"

„Das war echt klasse!" Niklas grinst. „Ich fand es aber cool von Tilo, dass er das Ding trotzdem angezogen hat."

„Ihm blieb ja auch nichts anderes übrig. Sonst hätte er ja nicht mitbaden können", sagt Florian. „Ich bin mal gespannt, was Jan sich heute einfallen lässt."

Alex tippt Julia auf die Schulter. „Kommst du auch?"

„Ich … ähm … ja, also …", stammelt Julia. Sie weiß nicht, was sie sagen soll. Schwimmen geht gar nicht. Wenn die Jungs sie im Badeanzug sehen, dann wissen sie ja sofort, dass ihr Julian in Wirklichkeit eine Julia ist, und dann ist es vorbei mit Fußball-spielen.

Alex und Tarzan

sehen Julia gespannt an.

Sie warten.

Doch bevor Julia

etwas sagen kann,

mischt sich Niklas ein.

„Klar kommst du mit", sagt er. „Alex, Flo und ich holen dich um Viertel vor drei ab und dann zeigen wir dir, wo unsere Badestelle liegt. Die ist richtig klasse. Mit Badeinsel und Steg!"

„Du musst unbedingt mitkommen." Florian klopft Julia auf die Schulter. „Sonst verpasst du noch den Super-Streich, den wir uns für Tilo ausgedacht haben. Und das wäre megaschade, glaub mir."

Julia sucht verzweifelt nach einer Ausrede, aber ihr fällt nichts ein. „Das mit dem Abholen ist echt nicht nötig", sagt sie deshalb. „Ich finde den Weg schon allein."

„Wirklich?" Niklas legt den Arm um Julias Schulter und grinst. „Wir helfen doch gern."

„Danke", sagt Julia. „Aber so groß ist Schmalfeld ja nun auch wieder nicht."

„Stimmt", sagt Alex und schnappt sich sein Rad. „Also dann bis nachher. Jippi, das wird bestimmt ein toller Nachmittag."

Die Jungen winken und radeln davon.

„Bestimmt nicht", murmelt Julia leise und blickt auf die Uhr. Es ist schon fast ein Uhr.

„Noch zwei Stunden",
denkt sie.
„Bis dahin muss ich mir
etwas einfallen lassen,
sonst ist es
mit meiner Fußballkarriere
gleich am ersten Tag vorbei."

Eine schwere Entscheidung

Zum Mittagessen gibt es Pizza. Mit Hackfleisch
und roten Zwiebeln drauf. Die mag Julia besonders
gern – eigentlich. Aber heute stochert sie nur lustlos
mit der Gabel darin herum.

„Hast du gar keinen Hunger?", fragt Papa. „Pizza
Bolognese isst du doch am liebsten."

Julia schüttelt den Kopf. „Heute nicht."

„Du wirst doch nicht etwa krank?", fragt Mama und
legt besorgt die Hand auf Julias Stirn. „Also Fieber
hast du nicht."

Julia schüttelt den Kopf und steht auf. „Nee, ich bin
nur müde. Es ist so heiß heute und das Training war
echt anstrengend. Ich lege mich ein bisschen hin."

„Ich habe vorhin unter Einsatz meines Lebens die
neuen Gartenmöbel aufgebaut", sagt Papa und zeigt
augenzwinkernd auf das Pflaster an seinem Daumen.
„Du darfst sie gern einweihen."

Julia schüttelt den Kopf. „Nein danke. Von der
Sonne habe ich erst mal genug."

Beim Hinausgehen
wirft sie noch schnell einen Blick
zur Küchenuhr.
Halb drei.
Ihr bleibt noch eine halbe Stunde.

Julia geht in ihr Zimmer und kramt den grünen Badeanzug mit den Fußballmotiven aus dem Schrank hervor. Nachdenklich betrachtet sie ihn. Ein kühles Bad im See wäre bei der Affenhitze jetzt genau das Richtige.

Julia grinst. In Gedanken stellt sie sich vor, wie sie ausgelassen mit Alex, Niklas, Florian und den anderen Jungen im See herumtobt, während Tilo am Ufer die Grillwürste brutzelt. Ach – das wäre toll.

Alles könnte so schön sein, wäre da nicht dieser dumme Irrtum mit „Julian".

Sie seufzt. Blödes Verwechselspiel! Warum kann sie nicht einfach so sein, wie sie ist?

Nachdenklich setzt sie sich aufs Bett und nimmt ihren Teddy in den Arm.

„Was meinst du, Teddy? Soll Julia heute baden gehen? Oder soll Julian morgen mit der Mannschaft um den Sommerferienpokal spielen?"

Weil Teddy
nicht antwortet,
schnappt sich Julia
ihr Nachthemd und
zählt die Knöpfe ab:
„Baden gehen –
Fußball spielen –
baden gehen –
Fußball spielen …"

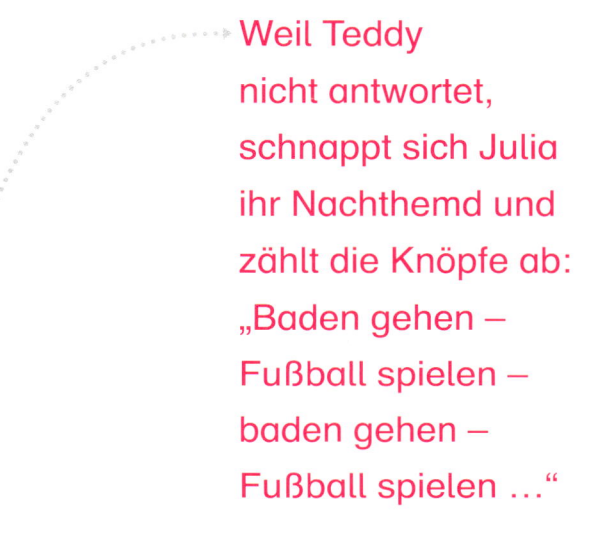

Erwischt!

DING-DONG!

Jemand klingelt an der Haustür. Wer kann das denn sein?, überlegt Julia. Der Postbote sicher nicht, der war heute Morgen schon da.

DING-DING-DONG!

Es klingelt noch einmal. Diesmal länger. Julia lauscht. Von draußen hört sie Stimmen: „… ist er schon weg …", murmelt jemand und ein anderer sagt: „Wir gehen einfach zur Badestelle und …" Irgendwie kommen ihr die Stimmen bekannt vor. „Wuff!", bellt jetzt ein Hund.

Oh nein! Julia braucht gar nicht aus dem Fenster zu sehen. Sie weiß auch so, wer da draußen vor der Tür steht. Es sind Niklas, Florian und Alex mit Tarzan. Die Jungs wollen sie abholen.

Julia springt mit einem Satz aus dem Bett. Sie muss die Tür aufmachen. Sofort! Bevor Mama und Papa es tun. Sonst passiert ein Unglück.

Julia reißt die Zimmertür auf
und will die Treppe
hinunterlaufen –
aber Papa ist schneller.
So ein Mist!

„Hallo, ihr drei", begrüßt er die Jungen freundlich.
„Guten Tag", hört Julia Niklas sagen. „Ist Julian da?
Wir wollen ihn zum Schwimmen abholen."
„Julian?", fragt Papa überrascht. „Nein, ein Julian
wohnt hier nicht."
„Nicht?" Julia hört, wie die Jungen vor der Tür leise
miteinander reden. „Aber … sein Fahrrad steht
doch hier neben der Haustür."
Papa runzelt die Stirn und steckt den Kopf aus der
Haustür. Dann schüttelt er den Kopf.
„Ihr müsst euch irren", erklärt er den verdutzten
Jungen. „Das Rad gehört keinem Jungen, sondern
meiner Tochter Julia. Sie ist oben in ihrem Zimmer.
Wenn ihr wollt, dann rufe ich sie mal."
Julia setzt sich auf die Treppe. Jetzt ist alles aus!
Da fällt ihr Blick auf das Nachthemd und auf den
Knopf, den sie immer noch in der Hand hält.
„Also gut", denkt Julia und strafft sich. „Dann also
baden gehen."
„Ihrer Tochter?", hört sie unten Niklas erstaunt
fragen. „Aber der Junge mit dem Trikot, der heute
Morgen mit uns Fußball gespielt hat …"
Julia steigt die Treppe hinunter und stellt sich
neben ihren Vater.

„Das war ich.
Und ich heiße
auch nicht Julian,
sondern Julia."
Julia seufzt tief.
„Jetzt wisst ihr Bescheid."

Noch eine Überraschung

Alex, Niklas und Florian sehen sich erstaunt an.
„Und warum hast du uns das nicht gleich gesagt?",
fragt Alex.
„Na weil …" Julia schluckt. Es fällt ihr schwer
weiterzusprechen. „Ich spiele doch so unheimlich
gern Fußball, und wenn ihr gewusst hättet, dass
ich ein Mädchen bin, dann hättet ihr mich nicht
mitspielen lassen. – Na ja, egal." Julia schnieft.
„Moment mal", unterbricht sie Alex. „Das versteh
ich nicht. Warum genau hätten wir dich nicht mitspielen lassen?"
„Na, weil ich ein Mädchen bin", erklärt Julia noch
einmal langsam. „Und Mädchen haben bei euch
auf dem Bolzplatz doch nichts zu suchen."
„Sagt wer?", fragt Papa interessiert dazwischen.
„Na, das Schild am Geländer. Da steht ‚Mädchen
müssen draußen bleiben' drauf", murmelt Julia.

„Und außerdem spielt
in der Dorfmannschaft
auch gar kein Mädchen mit.
Das sind alles Jungen."

„Sagt wer?", fragt Alex jetzt.

„Keiner", sagt Julia. „Aber das sehe ich doch."

Die drei Jungen stoßen sich an und kichern.

„Na, dann pass mal auf."

Alex öffnet seine Sporttasche und fischt einen
roten Badeanzug mit gelbem Blumenmuster heraus.
Julia traut ihren Augen nicht.

„Du bist … auch ein Mädchen?"

„Stimmt." Alex nickt. „Eigentlich heiße ich ja
Alexandra, aber so nennt mich keiner."

„Ich dachte, Alex ist die Abkürzung für Alexander!"
Julia schüttelt verwirrt den Kopf. Alex sieht aus
wie ein Junge und benimmt sich auch so. Dass Alex
ein Mädchen ist, hätte sie wirklich nicht gedacht.

„Aber das Schild am Bolzplatz …?", fragt Julia.

„… ist schon uralt", unterbricht sie Niklas. „Früher,
als das Schloss kaputt war, hing das mal an der
Jungstoilette. Aber im letzten Sommer haben wir
es dann an das Geländer gehängt, um Tilo wegen
der Sache mit den vertauschten Badesachen und
dem Bikini zu ärgern."

Alex grinst
und zwinkert Julia
fröhlich zu.
„Das hat aber nicht geklappt.
Tilo hat nur gelacht
und das Schild
einfach hängen lassen."

„Dann habt ihr also gar nichts gegen Mädchen", stellt Julia erleichtert fest. „Und ich darf weiter bei euch mitspielen?"

„Wieso dürfen?", fragt Niklas. „Du MUSST. Ohne dich sind wir morgen doch total aufgeschmissen." Die anderen nicken heftig.

„Auf so eine gute Stürmerin können wir doch nicht verzichten", stimmt Alex zu.

„Aber jetzt fahren wir erst mal an den See zum Baden", sagt Florian. „Nach der ganzen Aufregung brauche ich dringend eine Abkühlung."

„Und ich möchte unbedingt sehen, was sich Jan diesmal für einen Streich ausgedacht hat", sagt Niklas und grinst.

„Ich auch!" Julia strahlt über das ganze Gesicht. Fußball ist toll und Schmalfeld ist auch toll, denkt sie.

Sie ist so glücklich,
dass sie Luftsprünge
machen könnte.
„Wartet,
ich hole nur schnell
meinen Badeanzug!"

Wenn
dir diese
Geschichte gefallen
hat, dann empfiehl sie
deinen Freunden!

Sabine Streufert

arbeitet seit 2001 als freiberufliche Kinder- und Jugend-
buchautorin. Die gelernte Schauwerbegestalterin und
Bürokauffrau ist verheiratet und hat zwei Kinder. Sie lebt
mit ihrer Familie in einem kleinen Dorf in der Nähe von Kiel.

Irmgard Paule

studierte an der Fachhochschule für Gestaltung in München.
Danach arbeitete sie als freischaffende Grafikerin in
der Werbung. Seit 1997 illustriert sie Kinderbücher für
verschiedene Verlage.

Liebe Eltern, liebe Lesepatinnen und -paten,

die Buchreihe **Zu zweit leichter lesen lernen** bietet Leseanfängern
spannende Geschichten, die sie mit Ihrer Hilfe – zumindest teilweise –
schon selbst bewältigen.

An Ihrer Seite merken die Kinder, dass sie schon ganz schön viel
verstehend lesen können. Das macht ihnen Spaß und motiviert sie,
zuversichtlich weiterzulernen.

Wenn Sie sich links neben das Kind setzen, kann das Buch einfach
zwischen Ihnen und dem Kind liegen bleiben. Während Sie jeweils
die linke Seite vorlesen, kann das Kind die Bilder betrachten und dann
nach Ihnen die rechte Seite vorlesen.

So wird mit **Zu zweit leichter lesen lernen** eine ruhige Lesesituation
geschaffen. Ihr Kind kann sich besser konzentrieren und das laut
Vorgelesene auch besser verstehen.

Das Prinzip ist ganz einfach: Geübte Leser und Leseanfänger lesen ein-
ander vor. **Zu zweit leichter lesen lernen** – mit doppeltem Vergnügen!

Theo Kaufmann
Seminarschulrat
1. Vorsitzender des Vereins für Leseförderung e.V.
Mitglied im Bundesverband Leseförderung

1 2 3 4 5   13 12 11
Copyright © by Carlsen Verlag GmbH, Hamburg 2011
Umschlag- und Innenillustrationen: Irmgard Paule
Umschlaggestaltung: init, Bielefeld
Lektorat: Susanne Schürmann • Herstellung: Steffen Meier
Lithografie: Buss + Gatermann GmbH, Hamburg
Druck und Bindung: Gruppo Editoriale Zanardi, Italy
ISBN 978-3-551-65156-3
Printed in Italy
Alle Bücher im Internet unter www.carlsen.de

Wollt ihr noch mehr **Zu zweit leichter lesen lernen**?
Dann probiert's doch mal mit „Nele und die Flaschenfee"!
In diesem Abenteuer lernt Nele in ihrem Garten eine Flaschenfee
kennen und verzaubert ihre beste Freundin Pia in eine Gans.
Aber das Zurückzaubern ist gar nicht so einfach …

Sie hielt sich die Flasche vors
Gesicht und spähte mit einem Auge
hinein. Plötzlich zischte ein grüner Blitz
durch den Flaschenhals direkt auf Nele zu.
„Igitt! Ein ekliger Riesenkäfer!" Vor Schreck
landete Nele auf dem Po. Sie hasste alles, was
krabbelte und brummte.
Der Riesenkäfer surrte einmal um Neles Kopf
herum. Dann ließ er sich auf ihrem Knie nieder.
„Mama!", krächzte Nele. „Hilfe!" Aber Mama
hörte sie nicht.
Da ertönte ein helles Stimmchen. Es klang ziemlich
ärgerlich. „Ich bin kein Käfer, du Dussel! Ist das
klar?"
Nele sah genauer hin. Auf ihrem Knie saß ein
kleines Wesen mit grünen Haaren, die in alle
Richtungen abstanden. Es trug ein tannengrünes
Kleid, winzige flaschengrüne Schuhe und hatte
zwei hellgrüne Flügel auf dem Rücken.
„W…w…wer bist du denn?", stammelte Nele.
Das Wesen reckte sich stolz. „Ich bin Fiorella,
die Flaschenfee. Und du hast mich soeben befreit.
Jetzt darfst du dir was wünschen."

Fiorella zog
einen Zauberstab hervor.
Er sah aus wie ein Zweig,
der mit Moos bewachsen war.
„Was ist? Kann's losgehen?"

Lesespaß zu zweit

An Lissis Geburtstag scheint wirklich alles schiefzugehen: Die Geschenke sind doof und die Gäste sagen wegen Windpocken ab! Aber dann geht Lissi in den Zoo und erlebt doch noch den tollsten Geburtstag, den man sich wünschen kann.

Diese und fünf weitere schöne und aufregende Geschichten gibt es in der Reihe: »Zu zweit leichter lesen lernen«.